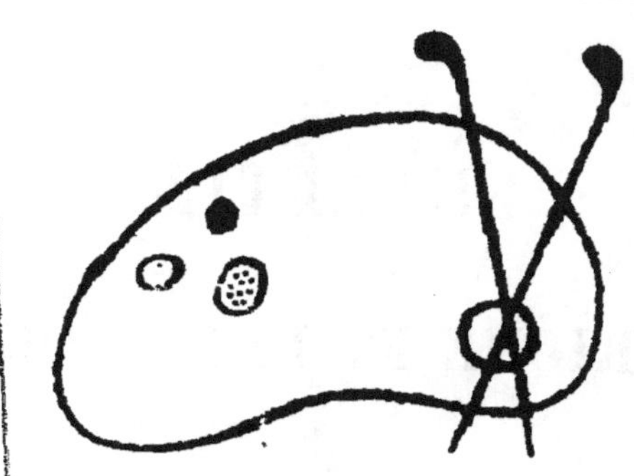

Début d'une série de documents
en couleur

MINISTÈRE
DE L'INSTRUCTION PUBLIQUE ET DES BEAUX-ARTS

BULLETIN

HISTORIQUE ET PHILOLOGIQUE

DU

COMITÉ DES TRAVAUX HISTORIQUES

ET SCIENTIFIQUES

M. L'ABBÉ FILLET

—

ÉTAT DES REVENUS DE L'ÉVÊCHÉ DE DIE
VERS 1474
Suivi de celui des Chapellenies
fondées dans les églises de Notre-Dame de Die
et Saint-Sauveur de Crest, à la même époque.

PARIS

ERNEST LEROUX, ÉDITEUR

28, RUE BONAPARTE, 28

M DCCC XC

Fin d'une série de documents
en couleur

ÉTAT DES REVENUS DE L'ÉVÊCHÉ DE DIE VERS *1474*, SUIVI DE CELUI DES CHAPELLENIES FONDÉES DANS LES ÉGLISES NOTRE-DAME DE DIE ET SAINT-SAUVEUR DE CREST A LA MÊME ÉPOQUE.

(Communication de M. l'abbé Fillet, curé d'Allex [Drôme].)

L'évêché de Die existait dès le IIIe siècle. Réuni à celui de Valence en 1276, il en fut séparé en 1687 et disparut, comme tant d'autres, à la fin du siècle dernier.

On a sur son histoire la notice et les vingt-quatre chartes concernant ses évêques et ses anciens monastères insérées dans le tome XVI de la *Gallia Christiana*, par M. Barthélemy Hauréau; le *Cartulaire de l'église et de la ville de Die*, publié en 1868 par M. Ulysse Chevalier; les *Notes pour l'histoire du diocèse de Die*, de M. Brun-Durand; et l'*Essai historique sur l'église et la ville de Die*, dont le premier volume, donné au public en 1888 par M. Jules Chevalier, fait vivement désirer le second.

Ces travaux, aussi consciencieux qu'intéressants, touchent en plusieurs endroits à la question des revenus de l'évêché de Die; mais, pour des raisons bien légitimes, aucun d'eux ne nous donne des détails un peu complets sur ces revenus, ni la somme à laquelle ils montaient dans leur ensemble.

C'est cependant une étude pleine d'intérêt, que celle des ressources en argent ou en produits divers dont disposaient nos prélats au moyen âge. Malheureusement, les documents de nature à renseigner sur ce sujet sont rares, incomplets, ou d'une date relativement récente. En ce qui concerne les évêques de Die, on conserve à la Bibliothèque de Nîmes trente-deux feuillets d'un registre original du XIIIe siècle renfermant le dénombrement des cens et rentes de la mense épiscopale [1]. Mais ce document, dont M. Brun-Durand a bien voulu nous communiquer une copie qu'il publiera prochainement, est très incomplet. Un autre, complet quoique succinct, se trouve aux archives de la Drôme, et, grâce à la bienveillance de l'archiviste M. Lacroix, nous avons eu toute facilité pour en prendre une copie. Malgré les solécismes et autres fautes qu'on y rencontre, et la date peu reculée de sa rédaction qui est celle à laquelle il se rapporte, c'est-à-dire la seconde moitié du XVe siècle [2], il nous a paru fort intéressant. Aussi n'avons-nous pas hésité à le communiquer au Comité des travaux historiques. Nous serions heureux que les

[1] Bibliothèque de Nîmes, mss. lat. n° 154. Reg. parchemin de 32 feuillets numérotés, 1-29, 38, 47-8. Écriture en langue romane du XIIIe siècle; quelques lignes vers la fin sont du XIVe.

[2] L'indication de l'année 1474 donnée au folio 8 v°, prouve que le rôle n'est pas antérieur à cette année; mais, s'il n'en est pas, il ne lui est postérieur que de peu de mois.

— 2 —

membres de ce Comité eussent à confirmer notre appréciation. Quoi qu'il en soit, voici la copie que nous avons prise sur l'original. Nous avons tâché de la rendre exacte. Nous avons même laissé subsister les fautes, échappées en grand nombre à l'incurie plutôt qu'à la maladresse d'un scribe exercé mais trop pressé. C'est à peine si nous avons fait quelques corrections. Nous n'en avons fait que là où l'inspection et l'étude de l'original même étaient plus ou moins nécessaires pour les effectuer avec sûreté. Du reste, elles sont généralement reconnaissables aux signes que nous y avons employés. Des parenthèses renferment les lettres absentes des mots abrégés, quand l'abréviation a été résolue avec quelque doute, si faible que fût celui-ci. L'addition d'un point d'interrogation signale un doute sérieux.

A la suite du rôle des revenus épiscopaux, l'original contient un état des chapellenies fondées en l'église Notre-Dame de Die et en celle de Saint-Sauveur de Crest. Cet état est absolument du même temps et de la même main que le rôle, et nous n'avons pas cru devoir l'en séparer dans notre transcription.

L. FILLET,

[f. 1, rº]   Jhesus.

 Secunt[ur] valores episcopatus Diensis, videlicet de civitate Diensi seu castr(is) domini nostri episcopi et comictis Diensis et Vallentinensis, somarie estracte [1].

Et primo, invenitur quod dictus dominus noster percipit in mandamento dicte civitatis Diensis, in decimis vini, in Plano de Suppes [2] ac alibi, racione cur(ati) de Sancto Ferruolo, anno quolibet, circa. . . . . iij modia vj somat. vini, que reponuntur infra domum episcopalem Diensem .

Item plus, pratum eppiscopale Diense, quod pratum, reponuntur prissia in domo domini nostri episcopali Diensi, ut est consuetum, quod, si venderetur prissia, venderetur circa videlicet . . . . xxx floren.

[vº] Item plus, banna civitatis Diensis seu ejus mandamento, que vendontur ad inquantum publicum, videlicet . . . . iij floren.

Nota per firmar(ium) cur(ie) Dien(sis).

---

[1] Archives de la Drôme, fonds de l'évêché de Die, liasse des pouillés, cahier papier original mesurant 0ᵐ,29 de hauteur sur 0ᵐ,22 de large, et comprenant 22 folios soit 44 pages, dont 41 (les 1-3, 5-19 et 21-43) écrites. Au dos : *Valor episcopatus Dyensis* (xvᵉ siècle). En marge de la 1ʳᵉ page : *Estat des Revenus de l'évêché de Dye lieu par lieu*, nº 68 (xviiᵉ siècle), *cayer cotté de* nº 12, nº 8 (de l'invent.) *de 1733*, et 46ᵉ *pièce* nº 115 (xviiiᵉ siècle).

[2] Le Plan de Supas, mont., communes d'Aix, de Laval-d'Aix et de Molières (arrondissement et canton de Die).

Item plus, percipit idem dominus noster episcopus
in censibus menutis frumenti, inclusis x sestar. que
percipit super molendinum doulx Chaloux, videli-
cet . . . . xix sest. j emin. iij quart. fru^{ti}.

Item, pro manu mortua super castrum de Pauneto [1], quod possident domini presbiteri ecclesie
beate Marie Diensis, videlicet . . . . j esculum aur(i)

Item, domini edomodari . . . . vj gross.

Item plus, pro vino quod dominus noster percipit
in terr(itorio) et mandamento loci de Paunecto, videlicet . . . . v somat.

[f. 2, r°] Item plus, la leyda de Dya vendua pour
cesta annea, videlicet . . . . lx flor.

En fromant pour l'art de Monssieur. . . . . . xxiiij sest. fro^t.

Item, lo cel tampt esperituel coment temporel à
monssieur le sacrestein. . . . . cx escus d'or nous.

Item, lo tollyer de la cour temporelle pour troes
ans, videlicet . . . . ij^cxx flor.

Item, la lyeva du massel . . . . xxx flor.

Item, les censes menues de l'argent . . . . . xix flor.

Item, laux et vantes, et juridic(tions) que sont en-
quest(es).

[v°] (en blanc).

[f. 3, r°]   Castellanus de Juncheyriis [2].

Et [primo], in frumento diversimode facte, tam de
terragis quam de cencibus et aliis emolumentis, va-
lent comuni cursu videlicet de . . . . lx sest.

Item, in grosso blado ad comuni valore, videlicet . xxx sest. bladi.

Item, in galinis cen(sualibus) . . . . xxviij gal(in).

Item, in cera cen(suali) . . . . iij libr.

Item, in caseis cen(sualibus) . . . . xxj libr.

Item, in corvatis bouum . . . . xxviij corvat.

Item, in pecunia dyversimode fecte . . . xxj flor. j gros. dy(m).

Item, pro loquerio furny . . . . iij flor.

[v°]   Castellania de Podiolis [3].

Et primo, in frumento tam censuum quam tota-
rum, videlicet . . . . xxxiij sest. j em. j cop.

Item, in frumento vinteny comuniter. . . . . xviij sest. fru^{ti}.

Item, in grosso blado cen(suali) . . . . . . iij sest. bladi.

[1] Ponet, arrondissement et canton de Die.

[2] Jonchères, arrondissement de Die, canton de Luc.

[3] Poyols, arrondissement de Die, canton de Luc-en-Diois.

Item, in galinis . . . . vj^{xx}x gallin.
Item, in vino. . . . . v somat. j baral. dym.
Item, in cera . . . . j libr. cere.
Item, in pecunia diversimode facte . . . . . xv flor. iiij gros.
Item, pro precio furni vendito, videlicet . . . . . ij flor.

[f. 4, r°]   Castellanie Bastide Vercorcii [1]

Et primo, in frumento, deductis deducendis, videli-
cet . . . . ljx sest.
Item, in siligine . . . . ciiij^{xx} sest.
Item, in avena . . . . cxij sest. avene.
Item, in gallinis . . . . iiij^{xx}ij gallinas.
Item, in pipere . . . . xiij libr. piperis.
Item, in cera . . . . xxjx libr. cere.
Item, in casseis . . . . xxxvj libr.
Item, de montenea, comuni cursu . . . . . iicx flor.
Item, in pecunia diversimode facte videlicet. . xxxviij flor. x gros.

[v°]   Castellania de Castillione [2]

Et primo, in frumento censuali et molendino, vide-
licet . . . . lviij sest.
Item, in grosso blado . . . . xiij sest. xj cyv.
Item, in vino . . . . iij salmat. iij cartal.
Item, in gallinis . . . . xxij gallin. et vj^{tam} partem.
Item, in perdicibus . . . . xj perdices.
Item, in pipere . . . . j libr.
item, in cera . . . . iij libr. dymid.
Item, in paratidibus. . . . . v dodenas.
Item, in feno . . . . xxx quintalia dymid.
Item, in pecunia . . . . xix flor. dymid.
Item, in clamoribus, comuni cursu . . . . . v flor.
Item, de herbagiis . . . . vj flor.
Item, de pedagio, comuni cursu . . . . lxx flor.

[f. 5, r°]   Castellanie de Aurelliz [3]

Et primo, de frumento diversimode facte, videli-
cet. . . . . clvj sest. j emin. fru^{ti}.
Item, in grosso blado . . . . xlv sest. j emin. bladi.
Item, in gallinis . . . . lxxj gallin. dymid.
Item, in pecunia diversimode facte . . . xix flor. iij gros. iiij den.

[1] La Bâtie, château ruiné, commune de la Chapelle-en-Vercors (arrondissement de Die, chef-lieu de canton).
[2] Châtillon-en-Diois, arrondissement de Die, chef-lieu de canton.
[3] Aurel, arrondissement de Die, canton de Saillans.

[v°]   Castellania de Monte Majori [1].

Et primo, in frumento censuali . . . . cxxij sest.
Item, in grosso blado . . . . xvj sest.
Item, in gallinis. . . . . xxxv gallin. dymid.
Item, in pipere . . . . j libr.
Item, in cera. . . . . j libr.
Item, in pecunia. . . . . vj flor.

[f. 6, r°]   Castellania Vallisdrome [2].

Et primo, in frumento, comuni cursu . . . . . iiij^{xx} x sest.
Item, in grosso blado, comuni cursu . . . . . iiij^{xx} x sest.
Item, in gallinis. . . . . c gallin.
Item, in cera. . . . . iij libr. dymid.
Item, in pipere . . . . ij libr. j quart.
Item, in vino. . . . . ij solmat. cum dymid.
Item, in pecunia diversimode. . . . . . . xviij flor.

[v°]   Castellania de Salliente [3]

Et primo, in frumento, videlicet . . . . . . viij sest. fru^{ti}.
Item, in pecunia diversimode facte . . . . . xx flor. viij gros.

       Castellania de Chamalosco [4].

Et primo, in frumento . . . . lv sest. j emin. dym. fru^{ti}.
Item, in grosso bla[do]. . . . . ij quart. cum dymid.
Item, in gallinis . . . . v gallin. dymid.
Item, [in] annis desimarum. . . . . xij.
Item, in feno, sirca . . . . ix luat(as) bouum.
Item, in pecunia diversimode facte . . . . . xvij flor. vj gros.

f. 7, r°]   Castellania de Bordellis [5].

Et primo, in frumento. . . . . cxlvij sest.
Item, in grosso blado seu avena . . . . iiij^{xx}xiij sest. [j] emin.
Item, in vino, videlicet. . . . . vij somat. j putal(fum).
Item, in gallinis. . . . . l gall[in]as cum dy(mid).
Item, in agnis decimarum
Item, in caseis . . . . lxx libr.
Item, in cera. . . . . ij libr. terciam partem.
Item, in feno
Item, in pipere . . . . dymid. libr. piperris.
Item, in pecunia diversimode facte . . . . . lij flor.

[1] Montmaur, arrondissement et canton de Die.
[2] Valdrôme, arrondissement de Die, canton de la Motte-Chalançon.
[3] Saillans, arrondissement de Die, chef-lieu de canton.
[4] Chamaloc, arrondissement et canton de Die.
[5] Bourdeaux, arrondissement de Die, chef-lieu de canton.

[v°] **Castellania de Augusta et Myrabelli** [1].

Et primo, in frumento . . . . lxvij sest.
Item, in grosso blado . . . . lxxiij sest. bladi
Item, in vino comuni cursu. . . . . vj modia.
Item, in gallinis . . . . lj gallin.
Item, in perdicibus
Item, in pipere . . . . dymid. libr.
Item, in pecunia diversimode facte . . . . . xvj flor. dymid.
Item, in furno bon temps mal temps . . . . xxviij flor.

[f. 8, r°] Et est sciendum quòd in dictis castel(laniis) retro hic exscriptis non fit mencio de inquestis seu juridit(ione), nec de bannis nec de laudymys nec de poveragiis.

Item plus, adscendont census argenti quos servionlt presbiteri seu curati racione beneficiorum seu curarum diocesis Diensis . . . . xv flor. iij gros.

Item, in cera annual(i), videlicet . . . . . . xl libr. cere.

[v°] Secuntur decime domini nostri episcopi et comitis Diensis et Vallentinensis venditi per dominum tess(aura)r(ium) Diensem anno domini m° iiij° lxxiiij° et die in estrument. penes firmar(ium) cur(ie) temporalis Diensis.

Et primo, decime Sancti Mauricii in Triviis [2] venditi nobili Johannis Passeati, de trvbus generibus, videlicet frumenti, siliginis et avene, ut constat instrumento venditionis per manum magistri Michaelis de Podyo notarii, videlicet . . . . ijc sest.

Item plus, decime de Chamalosco [3] vendite iiij**x sest., que reducantur vij sest., restat in claro dicti domini nostri videlicet. . . . . iiij**iiij sest.,
mediectatem frumenti et medietate grossi bladi. Consta[t] nota per Johannem Cateyrandi notarium.

Item plus, decime de Challario et Veteris Cheyneti [4] fueront vendite c sest. medietate frumenti et medietate grossi bladi, videlicet. . . . . c sest.
Nota ut supra per Johannem Cateyrandi notarium.

[f. 9, r°] Item, decime vendite de Pauneto [5] videlicet iiij**xiij sest., que reducuntur v sest.,

<hr>

[1] Aoûste et Mirabel, arrondissement de Die, canton de Crest.
[2] Saint-Maurice-en-Trièves (Isère), arrondissement de Grenoble, canton de Clelles.
[3] Chamaloc, arrondissement et canton de Die.
[4] Vercheny, arrondissement de Die, canton de Saillans.
[5] Ponet, arrondissement et canton de Die.

restat in claro dicti domini nostri, medietate fru-
menti et medietate bladi grossi, videlicet . . . . iiij^{xx}viij sest.
Consta[t] per instrument. per Johannem Cat(er)randi notar.

Item plus, decime de Beour(ariis) et de Ser(ri)o [1]
vendite cx sest., que reducuntur iij^a sest., restat in
claro dicti domini nostri, medietate frumenti et medietate grossi bladi, videlicet. . . . . cvij sest.,
ut constat ut supra per Cat(er)randi.

Item plus, decime de Monte Majori [2] vendite
lxxviij sest. medietate frumenti et medietate grossi
bladi, de qua summa reducuntur ij sest., resta[t] lxxvj
sest., de qua summa dominus noster percipit in claro
xlv sest. j emin. j cy(vad.) et domini de cappitulo Diensi
videlicet xxx sest. vij cy(vaderi)a. Constat nota per
firmar. Cat(er)randi notar . . . . lv. sest. j emin. j cy(vad.)
[v°][*] Item, decime de Arta Malla [3] vendite in clero
totum in frumento, videlicet . . . . viij sest. fru^{ti},
ut constat per firmar.

Item, decime de Pennis [4] fueront vendite totum in
frumento, videlicet. . . . . vij sest. frumenti.

Item, decime de Plano de Suppas [5] ut supra
fueront vendite totum in frumento, videlicet . . . xxx sest. fru^{ti}.
Nota per Johannem Cateyrandi notarium.

Secuntur census et penciones annuales pertinentes dicto domino
nostro quas recuperat dictus Diensis tess(aura)r(ius).

Et primo, dominus prior de Ravello [6] . . . . . iij sest. fru^{ti}.
Item, in grosso blado . . . . iij sest. bladi.
Item, curatus de Juncheyr(iis) [7] facit. . . . . viij sest. fru^{ti}.
Item, in, grosso blado . . . . viij sest. bladi.
Item, prior curatus Sancti Julliani de Tuis [8] . . xlj sest. fru^{ti}.
Item, dominus preseptor Sancte ✳ [9] videlicet . . xxx sest. fru^{ti}.
Item, in grosso blado . . . . xxx sest. bladi.
[f. 10, r°] Item, dominus prior seu curatus Rico-

[1] Beaurières, arrondissement de Die, canton de Luc.
[2] Montmaur, arrondissement et canton de Die.
[3] Arthamare, commune de Beaurières (arrondissement de Die, canton de
Luc).
[4] Pennes, arrondissement de Die, canton de Luc.
[5] Le Plan de Supas, mont., c. d'Aix, de Laval-d'Aix et de Molières (arrondissement et canton de Die).
[6] Ravel, arrondissement de Die, canton de Châtillon.
[7] Jonchères, arrondissement de Die, canton de Luc.
[8] Saint-Julien-en-Quint, arrondissement et canton de Die.
[9] Sainte-Croix, arrondissement et canton de Die.

belli [1] facit annuatim . . . . iv sest. bladi.

Item, dominus prior de Gressa [2] . . . . viij sest. fru[ti].

Item, in grosso blado . . . . viij sest. bladi.

Item, prior de Vacheyriis [3] . . . . ij sest. fru[ti].

Item, in blado grosso . . . . ij sest. blad.

Item, prior et curatus de Humblessiis [4] non servit blada quia fuit sibi reductum in argentum.

Item, de bladis que serviont castellani non fit hic mencio, quia dicti castellani tenent computum.

[v°] (en blanc).

[f. 11, r°] Segon sen les curés doulx quatre archipreyra de Dye.

Et primo, de l'archipreyra de Dya [5], videlicet de Lunis, et servit dicto domino nostro annuatim in argento, videlicet . . . . x solud. cens.

Item, de Ravello servit. . . . . iij solud. cens.

Item, plus in frumento. . . . . iij sest.

Item, in grosso blado . . . . iij sest.

Item, de Valle Droma . . . . ix solud.

Item, Sanctus Petrus de Beorariis . . . . . iiij solud.

Item, Sancta Maria de Beorariis . . . . . . iiij solud.

Item, de Alpillione . . . . xij denar.

Item, de Lechiis. . . . . ij solud.

Item, de Rupe Briana . . . . xij denar. c[en]s.

v[°] Item, de Luco . . . . v solud. cens.

Item, de Bello Monte . . . . v solud. cens.

Item, de Juncheriis. . . . . ij solud. cens.

Item, de Podiolis . . . . iij solud. cens.

Item, de Gensaco . . . . iiij solud. cens.

Item, de Ricobello . . . . ij solud. cens.

Item, de Auribello . . . . ij solud. cens.

Item, de Chappiaco. . . . . xij denar. cens.

Item, de Chamalousco . . . . iij solud. cens.

Item, de Sancto Johanne de Dya. . . . . . x solud. cens.

Item, de Saucto Johanne de Aurelliz . . . . iij solud.

Item, duo curati beate Marie Diensis.

[1] Recoubeau, arrondissement de Die, canton de Luc.

[2] Gresse, arrondissement de Grenoble, canton de Monestier-de-Clermont (Isère).

[3] Vachères, arrondissement et canton de Die.

[4] Omblèze, arrondissement de Die, canton de Crest-Nord.

[5] ARCHIPRÊTRÉ DE DIE : Lux, Ravel, Valdrôme, Beaurières, le Pilhon, Lesches, Rochebriane, Luc, Beaumont-en-Diois, Jonchères, Poyols, Jansac, Recoubeau, Auribel (commune de Pradelles), Chapiat (commune de Die), Chamaloc, Saint-Jean (à Die), Aurel.

[f. 12, r°]   De archipresbiteratu Triviarum [1].

Et primo, de Sancto Anduolo . . . . xviij denar. cens.
Item, de Heaufemia et Traforcio . . . . . . xij denar. cens.
Item, de Sinardo. . . . . vi solud. vj denar.
Item, de Traforcio . . . . iiij solud. cens.
Item, de Roysanis . . . . iiij solud. cens.
Item, de Sancto Paulo . . . . vj solud. cens.
Item, de Gressa . . . . v solud. cens.
Item, de Sancte Martino . . . . xiij solud. cens.
Item, de Sancto Micaelle . . . . xv solud. cens.
Item, de Cleeliis . . . . xviij denar.
·Item, de Sancto Maurissio. . . . . xv solud. cens.
Item, de Cordeaco . . . . x solud. cens.
Item, de Sancto Genessio . . . . viij solud. cens.
[v°]   Item, de Sancto Sebastiano . . . . . . iij solud. cens.
Item, de Percico . . . . x solud. cens.
Item, de Trybus Azinis . . . . ij solud. cens.

De archipresbiteratu Deserti [2].

Item, de Falcone. . . . . xij denar. cens.
Item, de Greynano . . . . v solud. cens.
Item, de Opegio . . . . iij solud. cens.
Item, de Deo y Fecit. . . . . ij solud. cens.
Item, de Roceto . . . . xij denar. cens.
Item, de Monte Neges . . . . xij denar. cens.
Item, de Allansone . . . . ij solud. cens.
Item, de Audefredo . . . . xij denar. cens.
Item, de Valossis. . . . . ij solud. cens.
[f. 13, r°]   Item, de Sancto Feruollo . . . . . v. solud. cens.
Item, de Vaesco . . . . vij solud. cens.
Item, de Leone . . . . xij denar. cens.
Item, de Podio Aguto . . . . ij solud. cens.
Item, de Vinalibus . . . . v. solud. cens.
Item, de Rupe Furcata. . . . . x solud. cens.
Item, de Chalancone . . . . v solud. cens.

(1) ARCHIPRÊTRÉ DE TRIÉVES : Saint-Andéol (commune de Gresse), Heaufemia (?),
Treffort, Sinart, Roissart, Saint-Paul-les-Monestier, Gresse, Saint-Martin-de-
Clelles, Clelles, Saint-Maurice-en-Triéves, Cordéac, Saint-Genís-en-Triéves,
Saint-Sébastien, le Percy, Trésanne (commune de Saint-Martin-de-Clelles).

(2) ARCHIPRÊTRÉ DU DÉSERT : *Falco* (?), Grignan, le Pègue, Dieulefit, Rousset,
Montanègue, Alanson (commune de la Roche-Saint-Secret), Oddefred (commune
de Teyssières), Valouze, Saint-Ferréol, Vesc, Leoux (commune de Villeperdrix),
Piègu, les Vignaux (commune de la Motte-Chalancon) Rochefourchat, Chalan-
con, Brette, Arnayon, la Motte-Chalancon, Ancelon, Pennes, Rimont, *S. Maria
de Bella Comba* (?), le Poët-Laval, Eyrolles, Aubenasson (?).

Item, de Breta . . . . ij solud. cens.
Item, de Arneaco . . . . xij denar. cens.
Item, de Mota Chalancone. . . . . ij solud. cens.
Item, de Aucellone . . . . ij solud. cens.
Item, de Penis . . . . ij solud. cens.
Item, de Ruomonte . . . . ij solud. cens.
Item, de Sancta Maria de Bella Q[om]ba . . . vj denar. cons.
Item, de Pogeto Vallis . . . . ij solud. cens.
Item, de Eyrolis . . . . v solud. cens.
[v°]   Item, de Sancta Maria de Albenacio. . . . ij solud. cens.

De archipresbiteratu Criste Arnaudi [1].

Item, de Chauseone . . . . iiij solud. cens.
Item, de Secuciis. . . . . v solud. cens.
Item, de Eygludino . . . . v. solud. cens.
Item, de Unblessiis . . . . iiij solud. cens.
Item, de Ensa. . . . . xij denar. ceas.
Item, de Veteri Cheyneto . . . . v solud. cens.
Item, de Rarriis . . . . iiij solud. cens.
Item, de Vacheyriis . . . . ij solud. cens.
Item, de Verona. . . . . v solud. cens.
Item, de Secuciis . . . . xij denar. cens.
[f. 14, r°]   Item, de Sous Peyra . . . . xij denar. cens.
Item, de Soyancio . . . . x solud. cens.
Item, de Sancto Medardo . . . . ij solud. cens.
Item, de Sorberio . . . . iiij solud. cens.
Item, de Podio grosso et Sancta M[ari]a. . . . v solud. cens.
Item, de Crupiis . . . . iiij solud. cens.
Item, de Sancto Salvatore . . . . iiij solud. cens.
Item, de Sancto Benedicto. . . . . ij solud. cens.
Item, de Ruomonte . . . . ij solud. cens.
Item, de Collonello . . . . ij solud. cens.
Item, de Sancta Heauleria. . . . . ij solud. cens.
Item, de Castro Arnaudo . . . . iiij solud. cens.
Item, de Sancto Hanniani Vercorcii . . . . . xij denar. cens.
Item, de Vacivo . . . . v solud. cens.
[v°]   Item, de Sancto Julianno Vercorcii . . . . v solud. cens.

[1] ARCHIPRÊTRÉ DE CREST : Chosséon, Suze-en-Diois, Eygluy, Omblèze, Ansage (commune d'Omblèze), Vercheny, Barré (commune de Vercheny), Vachères, Vérone, Suze-en-Diois, Souspierre, Soyans, Saint-Médard (commune de Piégros), *Sorberium* (?), Piégros-la-Clastre, Crupies, Saint-Sauveur, Saint-Benoît, Rimont, Saint-Martin-le-Colonel, Sainte-Eulalie-en-Royans, Chastel-Arnaud, Saint-Agnan-en-Vercors, Vassieux, Saint-Julien-en-Vercors, la Chapelle-en-Vercors, Saint-Martin-en Vercors, *S. Marcellus de Planis* (?), Ansages (commune d'Omblèze), Saint-Mémoire (commune de Saint-Laurent-en-Royans).

Item, de Capella Vercorcii . . . .
Item, de Sancto Martino Vercorcii . . . . . .
Item, de Sancto Marcello de Planis . . . . . . iij solud.
Item, de Ensa . . . . xij denar.
Item, Sanctus Memorius in Roanis . . . . . . ij solud. cens.

Secuntur illi benneficii qui faciont census cere.

Et primo, in archipresbiteratu Dye [1], videlicet cu-
ratus de Lechiis. . . . . ij libr. cere.
Item, curatus de Habris. . . . . j libr. cere.
Item, curatus de Bello Monte . . . . j libr. cere.
Item, curatus de Monte Lauro . . . . j libr. cere.
[f. 15, r°]   Item, Sancti Julliani de Tuis . . . . ij libr. cere.
Item, de Marclanis . . . . j libr. cere.
Item, curatus Sancti Johannis Diensis . . . . ij libr. cere.

De archipresbiteratu Criste Arnaudi [2].

Item, curatus de Excecussiis . . . . ij libr. cere.
Item, curatus Cappelle Vercorcii . . . . . . vj libr. cere.
Item, curatus Sancti Annianni Vercorcii . . . . vj libr. cere.
Item, Sanctus Jullianus Vercorcii. . . . . . ij libr. cere.
Item, ospitalus Criste Arnaudi. . . . . . . j libr. cere.

In archipresbiteratu Deserti.

Item, curatus de Becona [3]. . . . . j libr. cere.
[v°]   De archipresbiteratu Trivyarum [4].

Item, hospitalle Sancti Mauricii . . . . j libr. cere.
Item, curatus seu prior de Treminis. . . . . ij libr. cere.
Item, de Sancto Genessio . . . . ij libr. cere.
Item, de Podio Bossono . . . . j libr. cere.
Item, de Morgiis . . . . j libr. cere.
Item, de Sinardo. . . . . iiij libr. cere.

[f. 16, r°] Secuntur cappellanie tam fondate in ecclesia beate Marie
Diensis quam alibi et ad quem pressentacionem fuerint.

Et primo, de cappellania dominis Guillelmum et Petrum de Gra-
sionapolli alias Jurdas canonici Diensis. Est in collacione dominorum
cur(atorum) Dien(sium).

Item, cappellania domini Guillelmi Barbetonis canonici fundata in

[1] Lesches, *Habris* (?), Beaumont-en-Diois, Montlaur, Saint-Julien-en-Quint,
Merclans (commune de Saint-Julien-en-Quint), Saint-Jean (à Die).

[2] Suze-en-Diois, la Chapelle-en-Vercors, Saint-Agnan-en-Vercors, Saint-
Julien-en-Vercors, Crest.

[3] Bécone.

[4] Saint-Maurice, Tréminis, Saint-Genis-en-Trièves, Puy-Boson (commune de
Cordéac), Morges (commune de......), Sinard.

ecclesia Sancti Marcelli Diensis fondata per Petrum Gontardi. Est in collacione dominorum cur(atorum) Dien(sium).

Item, cappellania de Crusse fondata per dominum Poncium Garioi. Est in collacione dominorum cur(atorum) Dien(sis) ecclesie.

[v°] Item, cappellania domine Mathee de Caprilanno. Est in collacione domini prioris Sancti Marcelli Diensis et domini gardianni Fratrum Minorum Diensium.

Item, cappellania domini Humberti de Aurello. Est in collacione dominorum edomadariorum ecclesie beate Marie Diensis.

Item, cappellania domini Petri Beroardi. Est in collacione heredum suorum.

Item, cappellania domini Stephani Eymarii. Est in collacione dominorum curatorum Diensium.

Item, cappellania domini Guillelmi Alcelli. Est in collacione domini sacriste Diensis.

[f. 17, r°] Item, cappellania domini Petri Chalmati. Est in collacione venerabilis Diensis cappituli.

Item, cappellania Johannis Porcheti. Est in presentacione domini sacrista Diensis.

Item, cappellania Malleni de Podio Bossono. In presentacione venerabilis Diensis cappituli.

Item, cappellania domini Jarentonis Johannis presbiteri rectoris cappellanie domini Guillelmi Ruync quondam. In presentacione suorum heredum.

Item, cappellania Petri Chalme. In presentacione rectorum cappellanie domini Petri Batellerii.

[v°] Item, cappellania m(agist)ri Reynaudi Martini. In presentacione rectorum ejusdem.

Item, cappellania domini Bon(eti) Hervol(is). Est in collacione venerabilis cappituli Diensis.

Item, cappellania Reoleti Sapeti. Est in presentacione priore(m) Predicatorum et cur(atorum) Diensis ecclesie.

Item, cappellania Rostagni de Vercorcio.

Item, cappellania claustralis Eymarii Vicarii. Est in collacione domini Petri Pineti.

Item, alia vicaria dicti ospicii. Est in collacione venerabilis Diensis cappituli.

[f. 18, r°] Item, cappellania domini Petri de Ays, cujus est patronus dominus de Ayssio.

Item, cappellania Stephani Ruyne clerici. Est presentator propinquior de genere.

Item, cappellania Sembeline relicte Berthoni de Follanis quondam. Est patronus dominus sacrista Diensis pertinet (sic).

Item, cappellania domini Petri Passamari. Est patronus dominus sacrista Diensis.

Item, cappellania domini Petri Fransici juv(eni)s. Jus pertinet venerabili Diensi cappitulo.

Claustralis domini Martini Malyonhis ordinata per dominum Guillelmum Tallonis in ospicio domini Petri Pineti.

[vᵒ] Item, cappellania domini Johannis Pracrii. Pertinet patronatus domino edomadario dextri cori et curato sinistro cori.

Item, cappellania domini Poncii de Tulleta, cujus patronatus pertinet duobus dominis edemodariis.

Item, cappellania domini Guillelmi Geusonis. Pertinet patronatus domino sacrista Diensis ecclesie.

Item, cappellania Durandi Ypothecarii. Est patron(us) cur (at.) Dien (sis) ecclesie.

Item, cappellania domini Amblardi de Meysenas. Pertinet patronatus cur(at.) Diensis ecclesie.

Item, cappellania Hugonis Bruni. Pertinet patronatus dominis edomadoriis Diensis ecclesie.

Item, cappellania Bon(eti) Bautin. Sunt patroni domini de cappitulo Diensis ecclesie.

[f. 19, rᵒ] Cappellania diaconatus domini Petri Pertusseti. Est ad collacionem venerabilis Diensis cappituli.

Item, claustraria domini Guygo Pometi in ospicio beate Katarine. In collacione dominorum edomadariorum Diensium.

Item, cappellania domini Andree Romani, cujus collacio est domino sacrista Diensis ecclesie.

Item, cappellania Pillosorum, cujus patronatus pertinet domino sacrista Diensis ecclesie.

Item, cappellania Andree Fabri, cujus collacio pertinet dominis curatis Diensibus.

Item, cappellania Jaquemeti de Flor(enti)a.

Item, cappellania beate Katarine Diensis. Sont soluti conferi per venerabile Diense cappitulum.

[vᵒ] Item, cappellania Guillelme Aloyra alias Nabadola. Est in collacione venerabilis Diensis cappituli.

Item, cappellania domini Ysoardi de Ays, cujus collacio pertinet dominis edomadoriis et domino sacrista Dien(s.) Dien(s.) (sic).

Item, cappellania Durandi Audiberti. Collacio pertinet dominis edomadriis et cur(ato) destri cori.

Item, cappellania domini Silvi a[r]chipresbiteri, cujus patronatus pertinet venerabili Diensi cappitulo.

Item, cappellania domini Martini Jullii, cujus patronatus pertinet domini sacrista Diensis.

Item, cappellania domini Juvenis Pertusseti, cujus patronatus pertinet dominis edomadoriis cur(at.) cur(at.) (sic) Diensis ecclesie.

Hospitalle sacrista Diensis. In collacione venerabilis Diensis cappituli.

[f. 20, r°]   Item, cappellania domini Guillelmi Bruni, cujus patronatus pertinet heredibus dicti domini Guillelmi.

Item, cappellania domini Guillelmi Sucheti. E[st] in collacione venerabilis Diensis cappituli.

Item, cappellania beate Lucie. Ad collacionem domini sacrista beate Marie Diensis.

Item, cappellania domini Humberti de Aydonis. In presentacione rector. hospicii Jordanorum.

Item, cappellania domini Guillelmi Boache. Ad presentationem rec(tor.) domini Juvenis Pertuseti, canonici Diensis.

Item, cappellania domini Alberti de Follans. In presentacione domini sacrista Diensis.

Item, cappellania domini Petri Laurencii. In collacione domini sacrista Diensis.

Item, cappellania domine Malbergone. In presentacione domini Principis Aurent(ie ?).

[v°]   Item, cappellania domini Petri Pineti. Est ad collacionem venerabilis D·[ensi]s cappituli.

Item, cappellania Agnesie Alvernacie. In collacione edemedoriorum et curati destri cori.

Item, cappellania Petri Amalrici. Est in collacione domini sacrista Diensis.

Item, cappellania Bartholome uxoris Guygonis de Geria. Pertinet collacio dominorum curatorum ecclesie Diensis.

Item, cappellania domini Guillelmi Garcini. In collacione domini sacrista Diensis.

Item, cappellania domini Petri Chipri, cujus patronatus pertinet domino sacrista Diensis ecclesie.

> Secuntur cappellanie fondate in eclesie Sancti Salvatoris Criste [1], Diensis diocesis.

Et primo, cappellania fondata per dominum Humbertum Spalardi. Est patronus Johannes Espalardi et ejus heredes.

[f. 21, r°]   Item, cappellaniam fondatam per dominum Bonthossium Fabri alias de Aurello. Est presentator dominus episcopus Diensis.

Item, cappellaniam fondatam per Bertrandum de Porta. Est patronus dominus episcopus Diensis.

Item, cappellaniam fondatam per Johannem Caprilliani. Patrona Margarita filia Jarentoni Laurencii.

Item, cappellania fondata per Petrum de Casalibus. Est patronus Petrus Fouros de Ruppe Acuta.

Item, cappellania fondata per Petrum Baronis. Est patronus heredes dicti Petri.

[1] Crest, arrondissement de Die, chef-lieu de canton.

Item, cappellania fondata per Guyonetam Baronam. Est patronus dominus Anthonius Baronis.

Item, cappellania fondata per Petrum de Tribus Assinis. Patronus Peyreta Provinsialis de Crista.

[v°] Item, cappellania fondata per Bonthossium Pellipii. Patronus Poncius Dacellme.

Item, cappellania fondata per Poncium Deyderii. Patronus Johannes Palardi.

Item, cappellania Guillelmi Baudini de Crista. Patronus Johannes Dei Fecit.

Item, cappellania fondata per Petrum Vellonis. Patrona Alesia Vellena, relicta Hugonis Banilli.

Item, cappellania fondata per Guillelmum Genessii. Patrona relicta domini Petri Blayni.

Item, cappellania fondata per Humbertum Eysellini. Patronus Fransiscus de Upiano.

Item, cappella Johannis Berbeerii fondata. Sunt patroni ejus heredes.

[f. 22, r°] Item, cappellania fondata per Cha(var)ros de Vall(escrr)a. Patroni ejus heredes.

Item. cappellania vocati Sancti Michaellis in ecclesia Cristo. Sont patroni dominus episcopus Dicnsis.

Item, cappellauia de Sanolha in ecclesia Cristo. Patroni ejus heredes.

Item, cappellania Deymeriorum fondata in ecclesia Cristo. Sont patroni ejus heredes dicti Eypallardi.

Item, cappellania Valhona fondata in ecclesie Cristo. Sont patroni Petronilla Bruessa.

Item, cappellania fondata per Johannem Clerici. Est in presentacione heredum suorum.

Original en couleur

NF Z 43-120-8